Si quieres, puedes...

Grupo ROBIN BOOK

Barcelona - México
Buenos Aires

Si quieres, puedes...

Daniel y Patricia Day

Traducción de Jerónimo Navarro

© 2010, Ediciones Robinbook, s. l., Barcelona

Diseño de cubierta e interior: Cifra

ISBN: 978-84-9917-041-1
Depósito legal: B-6.663-2010

Impreso por Egedsa, Rois de Corella 12-16,
08205 Sabadell (Barcelona)

Impreso en España - *Printed in Spain*

Índice

Prefacio

Muchas personas sin grandes dosis de talento consiguen metas que parecen inalcanzables en esta vida, simplemente por tener una actitud positiva, por creer en sí mismas y ejercitar la mente en toda su dimensión. Tú puedes hacer lo mismo. Se trata tan solo de marcarse nuevas expectativas, mantener los pies en el suelo y prepararse para triunfar.

Introducción

Las personas que viven sus sueños son las que triunfan en la vida, precisamente por hacer lo que realmente es importante y significativo para ellas.

Este libro quiere ayudar a motivarte para que emprendas tu futuro de manera optimista. Muy a propósito se incluyen ideas que proceden de todo tipo de teorías sociales, movimientos culturales y estilos de aprendizaje. Confío que consigas escoger aquéllas que te serán más útiles y que te sirvan para alcanzar una armonía en tu vida. Disfruta del viaje… y del lugar de llegada.

Piensa en positivo

Tus amigos
son lo más
importante

1 Rodéate de gente optimista

Si a tu alrededor tienes gente que no están motivadas esto te afectará de manera adversa tanto a ti como a tu rendimiento. **Acércate a las personas que son especialmente optimistas** y están motivadas.

No te avergüences de tus errores 2

Para valorar la vida y acumular sabiduría has de aprender de las buenas y malas experiencias. **Nunca te avergüences de reconocer tus errores,** y sigue adelante.

3 Regálate tiempo para conseguir tus objetivos

Hay que eliminar la falsa y tiránica idea de «no hay suficiente tiempo». Levántate media hora antes por la mañana o acuéstate media hora más tarde. Utiliza este breve tiempo para trabajar en tu objetivo, es decir, en ti mismo. No representa demasiado tiempo visto de una forma aislada, pero si se suman todos esos minutos verás que hacen un total de 166 horas extras, o más de cuatro semanas de cuarenta y cuatro horas laborables de todo un año.

Disfrútalo, es tu tiempo.

Un primer paso te puede llevar muy lejos 4

Un trayecto de mil kilómetros comienza con un primer paso. Para poder hacerlo, tienes que empezar ahora, dando un paso detrás de otro.

5 Aborda los inconvenientes

Analiza los problemas, azares o inconvenientes que puedan aparecer. ¿Qué posibles factores negativos pueden presentarse? La falta de apoyo, de conocimientos técnicos, de tiempo, de espacio físico, de energía, de dinero o de experiencia pueden hacer que una tarea parezca temible. **Aborda la mayor cantidad de estos obstáculos lo más pronto posible.** Entonces te sentirás positivo y conseguirás alcanzar lo que te habías propuesto.

Busca alternativas 6

Incluso cuando esperes triunfar por completo, ten preparado un plan B para asegurarte. ¿Qué harías si las cosas no salen como esperabas? Con una estrategia alternativa puedes evitar agobiarte sabiendo que, incluso en el peor de los casos, estaremos bien.

Elige un animal con el que puedas identificarte

7

Elige un animal especial cuyo temperamento y naturaleza puede ayudarte a conseguir tu cometido. Imita el sonido de este animal o bien adopta su postura. Haz que esta técnica resulte divertida. Adopta el carácter del animal escogido y empieza el proyecto que tenías en mente.

8 Haz de la meta un desafío

No existen las personas desmotivadas, sólo los propósitos que no representan ningún desafío. **Haz que tus metas sean creíbles y emocionantes.** Ponte objetivos que mejoren tu carácter y energía y permitan mejorar las relaciones con los demás. Los propósitos mediocres se quedarán en un estante como un mal libro. Pero los potentes lograrán encender las pasiones más ardientes de manera que consigas realizarlos.

Ten confianza 9

Si tienes que limpiar la cocina, valora que el logro de esta tarea hará que te sientas mejor en tu casa. Si tienes que redactar una propuesta de negocios, asócialo a la idea de ganar más dinero. Si tienes que llamar a un amigo para hablar de una situación incómoda, piensa en la llamada como una forma de ganar coraje, reducir la tensión y tomar más confianza.

10 Reafírmate

Las convicciones son algo clave para poder alcanzar nuestras metas. **Haz una pausa ahora y reafírmate en ti mismo.** Luego, con esa sensación de seguridad y confianza, empieza el trabajo. Esto te permitirá terminar con éxito cualquier empeño que te plantees llevar por delante.

Abre las puertas
á la naturaleza

11 Apasiónate

Sal a tomar el aire —el ejercicio físico es importante— y ponte a pensar en los objetivos que quieres alcanzar en este momento. A medida que imaginas cómo conseguirlos, empieza a caminar con más rapidez. Deja que la pasión que nos estimula a sentirnos motivados sea lo primero.

Escribe de inmediato tus ideas 12

Lleva siempre contigo una libreta y un bolígrafo. Apunta cualquier idea buena acerca de cómo hacer mejor, más fácil o más rápido tu objetivo. Todos tenemos buenas ideas, pero pocos las conservamos y las seguimos. Y, a menudo, ésa es la diferencia entre el fracaso y el éxito.

13 Analiza tus hábitos personales antes de iniciar un proyecto

Piensa detenidamente si tus hábitos te permitirán empezar tu proyecto. Si las circunstancias que te rodean no son como tú deseas, **detente y trata de pensar en un camino mejor** de forma que, al final, consigas realizarlo.

Escribe un diario 14

Las reflexiones personales y un quererte a ti mismo pueden potenciar las motivaciones, así que anota tus sentimientos, preocupaciones y progresos. Revisa tu diario a menudo, pero **recuerda que siempre debes anotar la verdad** acerca de tus sueños y su progreso día a día.

Expresa tus
sentimientos sobre
un papel

No te pongas metas inalcanzables 15

Si el propósito que te has planteado conseguir es casi imposible de alcanzar, cámbialo. **Lo único que conseguirás es angustiarte** y abandonar la búsqueda de otras metas que están más a tu alcance.

16 Escucha la música que más te motive

Acostumbra tanto en casa como en el coche a poner la música que te aporta **una visión de tu realidad más positiva.** Siempre será una buena compañía cuando te decidas tirar adelante cualquier objetivo.

Disfruta con las pequeñas cosas 17

Un paseo por el mar, la caricia de un sol otoñal, jugar con la nieve. Con estas pequeñas cosas **conseguirás una actitud alegre** que te permitirá, sin esfuerzo, sentirte motivado.

18 De nada sirve sentirte culpable

L ibérate de este sentimiento si no puedes alcanzar tus objetivos. La única manera de no sentirte culpable es intentándolo de nuevo. **No desesperes, lo conseguirás.**

Programa tu mente para tener éxito 19

Cada vez que hagas una pausa en tu trabajo, piensa en tu objetivo. Piensa en él, imagínatelo, hazlo real en tu mente. Esto alienta a que se convierta en **una obsesión fructífera**. Intenta que tus objetivos formen parte de ti de tal manera que estén siempre en tu subconsciente. De esta forma todo tu esfuerzo seguirá el camino para alcanzarlo.

Piensas,
luego existes

Mantén siempre la motivación 20

Tus acciones demuestran que ya estás motivado para hacer muchas cosas. **Ahora que has reconocido este estado**, lo único que tienes que hacer es trasladar parte de esta energía que has puesto en otras tareas a ésa que está próxima.

21 Averigua cuál es tu hora más positiva

Nuestros niveles de motivación cambian a lo largo del día. Hay personas más matutinas y otras que se sienten con más energía por la tarde. Si tu concentración se queda medio rezagada, cambia el horario de tus tareas; averigua tu hora óptima, sea de día o de noche. El resultado de todo esto será que tu productividad se incrementará notablemente.

Deja atrás el pasado

22

El tópico de «las mejores épocas quedaron atrás» resulta desmoralizante. Cuando sientas que tú o una persona querida está viviendo en el pasado, **haz algo para detener este sentimiento** y pensar en alguna cosa que le guste de hoy.

23 Pregona tus éxitos

Dibuja o escribe en papel tus sueños y proyectos más importantes. Después pon la hoja en un lugar visible: en la pared del despacho, la nevera, el espejo del baño… Asegúrate de mirar la hoja todos los días para **reforzar la necesidad de alcanzar tus objetivos.**

Complácete 24

Piensa en una comida especial, en una actividad gratificante o un buen regalo que, a propósito, te negarás a disfrutarlo si no has conseguido lograr tus aspiraciones. **Utiliza esto como incentivo.** Una vez hayas alcanzado la meta, complácete dándote ese gusto prometido.

Sé generoso contigo mismo

Intenta no quejarte 25

Aprende a hacer lo que necesitas sin gimoteos y sin caer en la autocompasión. El mundo presta poca atención a tus dolores e inconvenientes. Enfréntate a la realidad tal como es, con todo su caos, locura, complejidad y belleza. Abraza al mundo con gracia y alegría.

26 Divide todo el proceso en pasos

Si la tarea te resulta abrumadora, divídela en pasos de menores proporciones. Piensa en tu proyecto como si fuera un grupo de partes en vez de uno entero. **Trabaja cada día parte por parte** y verás como consigues acabar tu objetivo por completo.

Reformula tu trabajo con un lenguaje motivador

27

Podrías decir, por ejemplo: «Colaboraré con la limpieza del medio ambiente» en vez de decir: «Tengo que limpiar el garaje». Después de todo, tu actitud bien podría que tus ideas fueran un beneficio para muchas más personas.

28 Pregúntate el porqué de tus objetivos

Haz una lista con todos los beneficios personales que conseguirás alcanzando tus objetivos. Ponlos por escrito y lee la lista a diario para **alimentar el fuego de tu interior.**

Sírvete de tus sueños 29

Justo antes de irte a dormir, piensa en uno de tus objetivos. Haz que esta imagen mental surja en tus sueños. Por la mañana intenta recordar todo lo que has soñado y **entender el mensaje simbólico** que ha recorrido tu mente mientras dormías.

Procura relajarte
siempre
que puedas

No pierdas el tiempo 30

Tal vez estás dedicándote a algo que te está quitando un valioso tiempo. Un tiempo que **podrías** y **deberías estar invirtiendo en otras cosas**. Trabaja en la dirección adecuada eliminando todo propósito que no sea prioritario.

31 No seas negativo

Si la tarea que te has propuesto resulta demasiado ardua, plantéate nuevas estrategias mucho más concretas y eficaces.

Come fruta
a lo largo del día 32

Ingiere fruta o bebe un vaso de fruta natural. Está comprobado que comer una pieza de fruta a lo largo del día es mucho **más efectivo para acumular energía** que tres comidas pesadas.

33 Empieza por las pequeñas cosas

Motívate haciendo tareas menores como la jardinería, cocinar un postre exquisito o hacerte un cumplido. Esto te ayudará a reunir suficientes energías para alcanzar con éxito el asunto importante.

Escribe palabras de aliento 34

Anota frases positivas como: «Hoy podría ser el día para hacer algo importante». Pliega el trozo de papel y ponlo en tu cartera o en el bolsillo. Cuando lo descubras más tarde seguro que te sentirás más motivado para hacer lo que te propones.

35 Aprovecha los momentos de ocio

Escoge esos momentos en los cuales no acostumbras a no hacer nada para empezar para iniciar o rematar esos propósitos que te habías asignado, por muy pequeños que sean. Después de todo, cada cascada empieza con una sola gota de agua.

No hay nada
como estar en
contacto con el mar

36

Motiva
a los demás

Estimular a la gente que tienes a tu alrededor para que lleven a cabo sus propósitos, te dará impulso para alcanzar lo tuyos.

Escoge tu escena de cine preferida 37

Piensa en la escena de cine que más te motive, y no te canses de verla una y otra vez. Seguro que esta estrategia te hace pasar a la acción.

38 Habla en voz alta

Repite en voz alta todos los movimientos que vayas realizando como si lo pudieras visualizar en un espejo. Esta técnica resulta muy eficaz para alimentar al cerebro y mantenerlo concentrado en la tarea que te has marcado.

Responde con una frase positiva 39

¿Por qué no responder de una manera más entusiasta para ver si la respuesta influye positivamente en su disposición? Contesta a la pregunta ¿Cómo te va? con un: «Muy bien» «Fenomenal». Si respondes con una fórmula más positiva, realmente podrás empezar a sentirte de esta manera.

Ten una actitud
dialogante
hacia los demás

Haz la prueba 40

Siéntate en una silla, relájate y cierra los ojos. Piensa en la tarea que debes realizar. **Transpórtate a un futuro lejano** e imagina el trabajo terminado. Pregúntate cómo te sientes una vez conseguida la meta propuesta. Ahora imagina que no has alcanzado tu propósito. ¿Qué te gusta más? Seguro que adivino tu respuesta.

41 Habla bien de ti

Escribe una artículo de prensa falso donde hables de ti y de todos los objetivos que has conseguido realizar. Imprímelo y ponlo en un sitio visible. Léelo y construye un destino positivo cada día.

Escoge un día para autoafirmarte 42

Cuando llegue eses día repasa la lista de las metas conseguidas. Ponte a pensar en cómo lo has estado haciendo y qué cambios necesitas para que tus propósitos sean más efectivos. Verás lo motivador que resulta.

Los pequeños objetos
cotidianos te pueden
tranquilizar

Ejercita tu imaginación 43

Está comprobado que visualizar imágenes colabora en la precisión, velocidad y creatividad cuando se trata de resolver un problema. Tómate cinco minutos para relajarte y estimular el cerebro con la creación de imágenes positivas o entretenidas.

44 Saca provecho de tu éxito

Cómprate una hucha. Cada vez que consigas algo que te acerque a tu objetivo, mete una moneda. Cuando hayas alcanzado tu meta podrás disfrutar de una buena cena para celebrarlo.

Haz de tu trabajo un juego 45

No importa cuál sea la tarea a realizar, siempre hay una manera de hacerla más divertida. Pon tu canción favorita, déjate ayudar por tus hijos o por un amigo o saborea mientras tu dulce preferido. **Disfrutar es algo que te ayudará enormemente.**

46 Déjate apoyar

L o que se da a otros es lo que generalmente recibimos a cambio. Haz cómplice a las personas que conviven contigo para conseguir lo que te habías propuesto. **No hay ni manipulación ni coacción, solo el mutuo respeto y admiración.**

Usa el dolor como algo motivador 47

Puede ser que tú hagas cosas para incrementar tu placer y, seguramente, también estás motivado para evitar el dolor. De manera que trata de reconocer en tu cuerpo en dolor que sentirías si fracasaras en tu objetivo. Utiliza el dolor como un motivador para empezar a moverte y haz algo positivo para evitarlo.

48 Trabaja con la luz adecuada

Haz tu trabajo con luz natural o con luz incandescente. Algunos trabajos de investigación nos demuestran que la gente que está expuesta a la luz fluorescente tienden a la depresión. Durante el invierno, para obtener resultados óptimos de trabajo, use luz cenital.

Sueña despierto 49

Imagínate triunfando con una sonrisa de oreja a oreja. Sueña que has conseguido el éxito, después de tanto empeño. Ahora ponte a trabajar con esta imagen en tu cabeza.

Vive cada sábado
como si fuera el último

Toma más aire fresco 50

El oxígeno genera motivaciones. Aunque sea invierno abre de vez en cuando la ventana para que el aire fresco estimule tu mente.

51 Utiliza la autosugestión

Piensa que tienes que hacer una tarea. Recuerda todos los beneficios positivos que puedes conseguir. Convéncete de lo capaz que eres. Y, finalmente, date cuenta de lo bien que te sentirás cuando hayas completado tu trabajo. **Repite este proceso diariamente**, cada mañana y cada noche antes de acostarte.

Confecciona un calendario 52

Suma la cantidad de horas que le dedicas a trabajar, comer, viajar, dormir, estar con la familia…¿Cuántas horas te quedan para alcanzar tu objetivo? A menudo son más de las que habías pensado. Si no es el caso, es el momento de reorganizar tus prioridades.

Cada día es una imagen del siguiente

Tuesday	Wednesday	Thursday	Friday	Saturday
				1
3	4	5	6	7	8
0	11	12	13	14	1
7	18	19	20	21	2

Ejercita tu mente

Mantén la mente activa y motivada 53

Un buen libro, una música relajante, una conversación con un amigo que te haga reflexionar son estímulos para mantener la mente activa y preparada para iniciar tu proyecto.

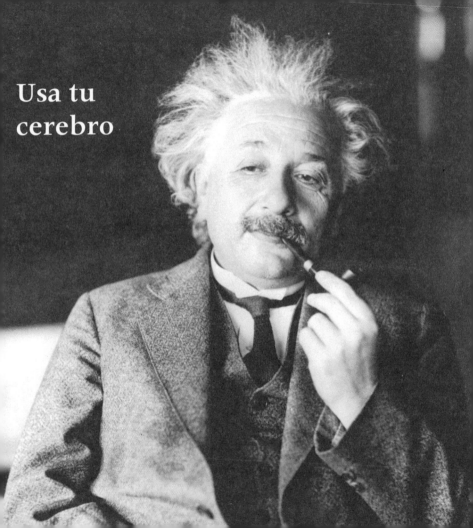
Usa tu
cerebro

Exígete más a ti mismo 54

Sea cual sea tu progreso, sube la apuesta inicial. Pídete mejorar la calidad, terminar antes de lo previsto o producir más de lo que esperabas. Cualquier cosa que te permita sacar lo mejor de ti.

55 Tú puedes hacerlo

Hay personas que han conseguido grandes cosas en su vida porque tenían una actitud positiva, una voluntad para aprender de los errores y porque trabajaron duramente. Tú puedes hacer lo mismo o mejor, especialmente con tu talento. **Piensa a lo grande** y mantén los pies en el suelo.

Vístete para la ocasión 56

Escoge el atuendo adecuado que te haga sentir que es un momento especial. Cada tarea reclama una ropa determinada, la que más te apetezca y con la que te sientas más motivado.

57 Comprueba si hay conflictos internos

Si no te sientes motivado a alcanzar los objetivos elegidos por ti, tal vez sea porque tienes un conflicto de valores, ¿podría ser que, en realidad, estás renunciando a algo que te gustaría conservar? **Valora los pros y los contras** para tirar adelante.

Selecciona bien tus palabras 58

Escoge las palabras adecuadas para **mantener un tono positivo**. De nada sirve decir: «No puedo», «no dará resultado» «es imposible», a menos que añadas «hasta ahora».

59 Mantén a tu familia cerca

Cuanto más sepan los demás acerca de quién eres tú y lo que haces, más podrán inspirarte y ayudarte. Mantén informada a tu familia de lo que te propones. Su apoyo puede ser un gran estímulo para ti.

Busca salir del día a día para disfrutar de los tuyos

Escoge a los amigos que te pueden motivar 60

No es realista esperar que todos tus amigos te apoyen y estimulen tus proyectos. Pero seguro que encuentras a alguien que alienta tus objetivos. Dedica un tiempo para estar con esa persona.

61 Haz una lista con todos tus sueños

Enumera todos los sueños que deseas cumplir. Luego pon una fecha de vencimiento al lado de cada uno de ellos. «¿Cúal te gustaría hacer dentro de veinte años, diez años o en los próximos doce meses?»

Busca un entrenador 62

P uede ser un amigo/a o pariente **que desee motivarte diariamente** para que alcances tus metas. Cuéntale tus planes y permítele que te controle hasta que lo consigas.

63 Ponte de pie y estírate

Ponte de pie. Separa los brazos lentamente hacia los lados como un águila alzando el vuelo. Retén el aire cuatro segundos y espira durante ocho segundos. Repite esta actividad tres veces al día. Te ayudará para que tu **estado mental sea mucho más positivo.**

Aprende un ritual personal para motivarte

64

Puede ser un gesto, un sonido, una actividad, cualquier ritual que sea convincente para conseguir realizar tu tarea.

Búscate en los lugares
más hermosos

Duerme
lo suficiente 65

Tienes que averiguar las horas que **necesitas dormir para sentirte motivado** al día siguiente. La cantidad óptima de sueño varia según cada persona, pudiendo ser entre cuatro o nueve horas por noche.

66 Alterna concentración y dispersión

Concéntrate de veinte a veinticinco minutos seguidos, luego ponte de pie, camina durante un breve rato. Esto le proporcionará a tu cerebro el descanso que necesita.

Reconoce
tus límites 67

Una vez que hayas reflexionado sobre todos tus límites, puedes emprender cualquier cometido con mayor resolución y sabrás cuándo parar… y cuándo continuar.

68 Busca el enfoque adecuado

El enfoque en base a nuestras creencias, valores y reglas determina en grado sumo la calidad de las emociones y de los resultados que obtenemos en la vida. El cerebro humano sólo tiene capacidad de enfocar en un único sentido cada vez. Si se enfoca en positivo no puede enfocarse simultáneamente en negativo.

Sé tú el protagonista 69

Construye una película mental en la que tú seas el protagonista y estés viviendo ya como reales esos resultados con los que siempre sueñas. Transforma tu visualización en algo tan intenso emocionalmente para ti, que literalmente te haga llorar de emoción al verte viviendo tus sueños como reales.

Cree
en tus
posibilidades

Entrénate cada día 70

Has de crear el hábito de encender tu motivación a diario. Tienes que aprender a condicionarte para estar motivado. El éxito sólo se consigue a través de un **entrenamiento consistente y diario** que te permita desatar todo tu máximo potencial.

71 Alimenta cada día la pasión

Ninguna persona puede desatar su máximo potencial si no siente una pasión absoluta por lo que está realizando. **La pasión es la chispa** capaz de encender la motivación más poderosa, la que nace del interior de cada ser humano.

Descubre tus virtudes 72

Todos hemos sido bendecidos con unos dones especiales, que son especiales y únicos para cada uno de nosotros. Tu misión en la vida es detectar esos dones y desarrollarlos hasta su máxima capacidad.

73

No esperes más

Toma ahora mismo la decisión de **potenciar la energía positiva** para iniciar acciones más poderosas. Comienza a cimentar una sana autoestima para triunfar. De este modo estarás creando un mecanismo poderoso que generará grandes dosis de motivación en tu vida.

Busca cuál es tu momento 74

Cuando llegue ese momento en lo que todo parece fluir, y sientes que estás creando una inercia importante de éxito, ¡Aprovéchelo! Son los momentos ideales para avanzar con decisión y producir avances significativos hacia el logro de tus propósitos.

75 No te engañes

Los grandes resultados y el verdadero éxito, sólo se logran cuando uno esta **dispuesto a poner el esfuerzo** que sea necesario para conseguirlos.

Alimenta tu mente 76

Si quieres conseguir grandes resultados en tu vida has de comenzar de inmediato a crear el hábito de **alimentar positivamente tu vida a diario**. Empieza, por ejemplo, con la lectura de algún libro positivo e inspirador.

77 Sube el listón

Piensa en las consecuencias de lograr un objetivo que fuese el doble del que inicialmente te habías propuesto, **genera ideas muy poderosas** de acciones que se podrían empezar a producir para que esos grandes resultados se hagan realidad.

Busca en tu
ser interno

78

S i la motivación es interna, y los estímulos externos.
¿Qué puedes entonces hacer? Simple, **conéctate
con esta fuente interna** inagotable de inspiración
que es tu ser interno.

La contemplación de la
naturaleza te dará armonía

Tú te lo mereces 79

Nuestra actitud está estrechamente ligada a nuestra consciencia de merecimiento, si sientes que te mereces lo mejor en la vida es fácil asumir una actitud de éxito.

80 No te conformes con menos

La felicidad es un derecho, ejercítala. Para las personas felices es sencillo mantenerse motivadas, y esto a su vez contribuye a facilitar su crecimiento.

Sigue tu ritmo 81

Concéntrate en completar una tarea antes de comenzar la siguiente. A medida que veas tu tarea terminada, naturalmente estarás motivado para **emprender otras más grandes**.

82

Debes comprometerte

El compromiso es uno de los ingredientes esenciales para mantenerte motivado. Tienes que adquirir un compromiso contigo mismo y hacer de la motivación un estado permanente.

Carpe diem 83

Valora la importancia de vivir el momento, y el concepto de aprovechar minuto a minuto tu vida.

84 Persevera

Asumir los obstáculos y tropiezos que puedas encontrar en tu camino, como oportunidades que te brinda la vida, te coloca en la privilegiada situación de **sentirte fortalecido ante las adversidades.**

Sé valiente 85

No temas al éxito. Intenta llegar donde nunca nadie ha llegado antes. Y disfruta del éxito cuando lo alcances.

No te des por vencido 86

Toma nota de los avances que vas logrando. Cuando estés pasando por un momento difícil, **puedes mirar hacia atrás** y descubrir todo lo que sí has logrado hasta ese momento.

87 Rompe con la rutina

El excesivo apego por la rutina genera una falta de motivación. **Incorpora actividades diferentes en tu vida diaria**. Empieza por algo tan sencillo como modificar el recorrido de tu casa hasta el trabajo.

La alegría es fuente de vida

88 Déjate llevar por la pasión

Empieza a actuar motivado por el deseo y no tanto por lo racional que pueda resultar lo que quieras realizar. **Haz cosas porque simplemente quieres,** y no porque se conviertan en un rol específico en el futuro.

Proponte un desafío 89

No tengas miedo. Haz algo que implique para ti algún riesgo, como iniciar cualquier actividad que represente un desafío. Esto te hará actuar de una manera distinta e imprevista.

90 No te pongas barreras

El temor de ser rechazado o de caer en actitudes ridículas o poco apropiadas socialmente paralizan nuestras ansias de motivación, neutraliza este sentimiento y **no temas por lo que dirán los demás.**

Empieza por la comida 91

La comida es una forma sencilla de aprender a innovar. Las personas que temen a lo desconocido piden siempre los mismos platos. **Prueba con nuevas experiencias** por pequeñas que sean.

Alegra tu paladar

No dejes para mañana... 92

Evita asociar el dolor con el hecho de realizar una tarea. Lo único que conseguirás es aplazarla un día tras otro y angustiarte más.

93 Empieza con lo más básico

Si no encuentras que hacer dedícate a lo mas básico por 5 minutos, como regar tus plantas. Recuerda que la inspiración por si sola rara veces genera acción; **la acción en cambio siempre genera inspiración.**

Arranca ya 94

Si en vez de dos días tienes cuatro horas para terminar tu tarea, es más que probable que te pongas a hacerlo. La cuestión es arrancar, **salir del estado mental pasivo** y activar de nuevo la maquinaria productiva.

95 Empieza por lo más divertido

Busca esa pequeña actividad que **te llena de alegría** y te eleva el estado de ánimo. Es justo lo que necesitas para luego ejecutar esas otras cosas que no te apetecen para nada.

Un breve paréntesis

96

Pasar un día sin hacer nada no es malo por sí mismo, y puede ser incluso necesario y beneficioso. Pero **evita caer en rutinas apáticas** que te impidan seguir trabajando al día siguiente.

Aprende
a aislarte de
los demás
cuando lo
necesites

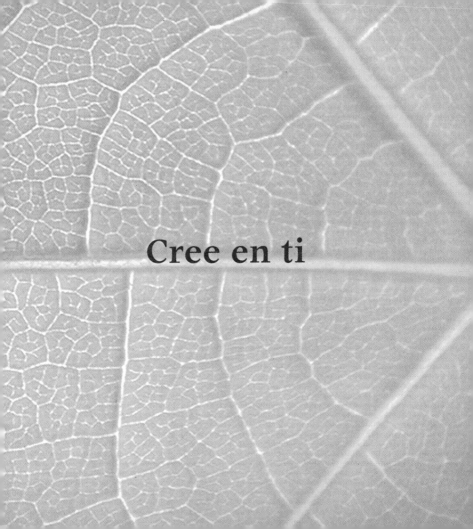

Cree en ti

Si tu palabra es Amor,
escríbela en todas partes

97 Escoge tu palabra

Todos tenemos una palabra motivadora para tirar adelante nuestros proyectos: pasión, curiosidad, disfrute, apoyo... Busca la tuya y repítela cuantas veces sea necesario.

Que nada te impida salir adelante

98

Averigua y elimina lo que te impide trabajar. Siempre hay alguna cosa que te molesta, que no te deja trabajar. **Búscala y elimínala**. Luego continúa.

99 Date una oportunidad

Elimina las cosas negativas que piensas de ti mismo. Si las cosas no salen bien a la primer, reflexiona como mejorar la próxima vez.

Evita las comparaciones 100

Pensar que los demás lo pueden hacer mejor, solo sirve para infravalorarte y **generar pensamientos negativos** como la envidia. No te compares, tu eres único.

101 Ten esperanza

Aunque estés pasando por una mala situación, ten esperanza. **Los malos momentos no duran siempre.**

Ejercita tu sentido del humor

102

Desdramatiza cualquier situación que te moleste. Intenta ver el lado positivo riéndote un poco de ti mismo.

Baila a la luz de la luna

Acéptate como eres 103

No te dejes influir por los cánones de belleza impuestos. Eso son solo espejismos que nada tienen que ver contigo.

104

Encuentra el ambiente adecuado

Es necesario saber qué espacio **nos llena más de energía** para sentirnos motivados y concentrados. A veces, simplemente cambiar de silla puede dejar de distraernos.

Despacio
pero sin tregua 105

Si quieres conseguir lo que te propones, no te quedes mirando la escalera. Empieza a subir, escalón por escalón, hasta que llegues arriba.

106 Revive éxitos pasados

Piensa en éxitos pasados. **Sumérgete en el calor intenso del triunfo**, y traslada esa sensación y emoción al cometido que tengas ahora entre manos.

Lo importante son los resultados

107

No siempre tenemos una tarea de la que disfrutar; entonces no será la propia tarea sino sus consecuencias lo que tiene que motivarte: logro, reconocimiento satisfacción por haberlo conseguido.

108 Aprende de los sabios

«**N**o podemos resolver problemas **pensando de la misma manera** que cuando los creamos.»

Albert Einstein

Reflexiona sobre este punto

109

A veces lo más importante para empezar no es tanto pensar en motivarte, sino qué es lo ha pasado realmente para que te **sientas tan desmotivado**.

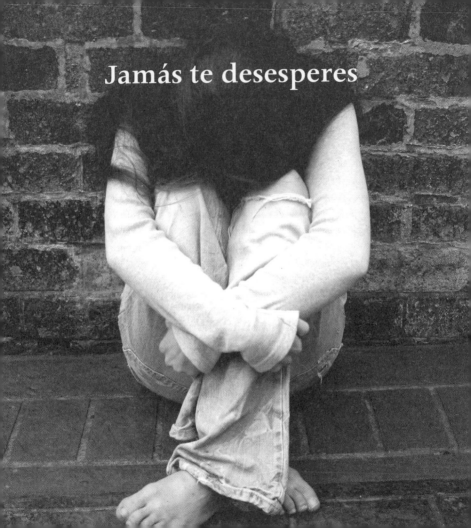
Jamás te desesperes

Sé generoso 110

Comparte tu talento especial con los demás sin contar con una recompensa, un pago, o un elogio.

111 Recuerda siempre

Que para empezar un gran proyecto, hace falta valentía. Para terminar un gran proyecto, hace falta perseverancia.

Lo importante es participar 112

Para triunfar en la vida, no es importante llegar el primero. **Para triunfar simplemente hay que llegar,** levantándose cada vez que se cae en el camino.

113 Todo logro exige un esfuerzo

No esperes que la motivación venga de fuera, eso es lo más fácil. Solo conseguirás fortalecerte si eres capaz de motivarte por ti mismo.

Sé tenaz 114

Desarrolla la capacidad de demorar las gratificaciones y evita los impulsos inmediatos. Solo con tenacidad puedes conseguir resultados en cualquier área de la vida.

115 Regala energía

Como todo proceso de aprendizaje, conocer tu yo espiritual no será tarea fácil ni rápida, pero con el tiempo podrás llegar á conseguirlo. Empieza por preguntarte qué es lo que te gusta, lo que fomenta tu creatividad, cuáles son tus sentimientos de amor hacia ti mismo... y habrás dado el primer paso hacia tu alma.

La energía es el motor
que mueve el mundo

116

Comprométete públicamente

Coméntales a las personas de tu entorno que tendrás el trabajo acabado declarando en voz alta la fecha o la hora de vencimiento; este tipo de publicidad funcionará como incentivo para mantener tu predicción.

Crea un club de motivadores 117

Reúnete una o dos veces al mes con el único propósito de pasártelo bien y mentalizaros lo unos a lo otros. **Empieza a organizar el club hoy mismo.**

118 Elimina las expectativas

Tan solo disfruta y acepta todo lo que ocurra. Y acepta lo que ocurra como aquello apropiado para ti en este momento de tu vida.

Sé sincero contigo mismo 119

Mírate al espejo y hazte la siguiente pregunta: ¿Estoy sacando lo mejor de mí? Si la respuesta es «Sí», entonces sonríe de felicidad. Si la respuesta es «No», entonces pregúntate: ¿Qué podría hacer para sacar lo mejor de mí mismo? Y hazlo.

120 Redacta un contrato escrito por ti

Identifica el cometido, la fecha en la que debes terminar y los niveles de calidad que debes conseguir. Revisa el contrato con frecuencia para asegurarte de que estás cumpliendo todas las cláusulas.

Mantente en la
mejor forma física 121

Un cuerpo en plena forma física te da la vitalidad que necesitas para lograr tus objetivos. La energía física nos conduce a la energía mental.

El deporte
mantendrá
tu cuerpo despierto

Usa la agenda que te compraste 122

Son más las personas bien intencionadas las que se compraron la agenda que las que las usan. **Hazla formar parte de tu vida.** Ella puede ayudarte a organizarte y ser más eficiente en conseguir tus propósitos.

123 Descubre qué actividad te puede ayudar

A ctividades como: el yoga, la natación, el baile… pueden ayudarte a concentrar tu mente y tu cuerpo para que las traslades a otras actividades.

Contribuye a una causa valiosa 124

Ayudar a los demás es una estupenda forma de entrar en contacto con nuestra **energía personal**.

125

Carga las pilas

Retírate durante un fin de semana solo o acompañado, en lugar rodeado de naturaleza. Cuando vuelvas estarás cargado de energía para iniciar el objetivo que te has propuesto.

Toma distancia 126

Si mientras estas realizando tu tarea te encuentras con una emoción negativa, intenta cambiarla por una positiva y crear un vínculo emocional que te ayude a cumplir tu cometido.

127 Ahora es el momento

La motivación es estar dispuestos a sacrificar lo que somos, para dar paso a lo que podemos llegar a ser, si nos damos permiso de manifestarlo.

Intenta hacer lo inusual 128

O lvídate de las opciones y no tengas reservas, sal a contemplar a los animales, rompe la rutina y **conviértete en el líder** que llevas dentro gritando: ¡Al galope!

Observa a los animales,
admira su belleza y llénate
de su energía

Decide cuál es tu sueño 129

Tal como dijo Martin Luther King: «Hoy he tenido un sueño», apasiónate por tus propios sueños aunque parezcan poco probables, por lo menos vivirás la aventura de intentarlo.

130 Medita a diario

Tómate tiempo para visualizar tu vida y ver de qué cosas debes estar agradecido. A menudo nos alejamos tanto que perdemos esa visión. Meditando puedes conseguir acercarte a ti mismo.

No
generalices

131

Esa extraña afición por meter todo el mismo saco, no tiene efecto nada beneficioso sobre tu estado ánimo y tu proceder. **Debes acostumbrarte a analizar punto por punto las cosas,** y concédete un respiro antes de pasar a la acción.

132 Relativiza los problemas

Nada mejor que relativizar los problemas y no obsesionarse por cosas que seguramente no tienen la importancia que le damos en los momentos de debilidad.

Comparte los
grandes momentos

134 Adopta una postura flexible

Ser más flexibles a la hora de juzgarnos a nosotros mismos y a los demás puede alentar la capacidad de un mayor progreso personal y colectivo.

Has de saber perdonar 135

No te muestres reacio a aceptar las disculpas de otros, hasta el punto de no encontrar palabras para restar importancia a ciertas situaciones.

136 Intenta adaptarte a las circunstancias

Las verdades y principios en que se fundamenta nuestra conducta puede ser válida para ti, pero inadecuada para ser aplicados en otras personas de otros países o culturas. Conocer otras realidades enriquecerá tu desarrollo personal.

Combate la obstinación 137

De hecho mantenerse firme en las posiciones y en las ideas es la mejor garantía de equivocarse porque, aún en el supuesto que nuestra teoría haya sido válida en algún momento, eso no significa que vaya a serlo siempre.

Tienes
las
claves
de tu
vida,
úsalas

Sé sincero contigo mismo 138

Pregúntate ante un espejo **si estás sacando lo mejor de tú mismo.** Si es que sí, felicítate. Si es que no, pronúncialo en voz alta y ponte en marcha.

139 Elimina las expectativas

Tan solo disfruta y **acepta todo lo que ocurre.** Y hazlo considerando que es lo apropiado para ti en este momento de tu vida.

Y recuerda… 140

La experiencia de volver a encontrar el yo siempre es profundamente satisfactoria y, de alguna manera, familiar. Semeja a volver a sentirnos tan libres, frescos e inocentes como un niño, aunque con la conciencia añadida de las **vivencias acumuladas desde la infancia**.

No olvides que los buenos
momentos hay que vivirlos
en toda su intensidad

Otros títulos de **Vital**

Mensajes con amor. Susan Jeffers

Este libro nos ofrece una colección de afirmaciones positivas para la práctica diaria que nos permitirán eliminar miedos y temores y afrontar cualquier situación con serenidad. A través de ellas podemos reeducar nuestra mente, eliminar de ella toda la negatividad que nos mantiene prisioneros y nos impide liberar nuestro potencial para crearnos a nosotros mismos y vivir la vida que deseamos y merecemos.

Pídeselo al Universo. Bärbel Mohr

Un manual para aprender a interpretar las señales que nos envía el Universo. Cada vez hay más personas que perciben con toda claridad la voz de su intuición. Para poder escuchar la voz interior resulta suficiente con un poco de entrenamiento, recostarse unos minutos, respirar adecuadamente y percibir el propio ser y el contacto con el Universo. Porque si uno es feliz, puede tenerlo todo y no necesitar nada.

Felicidad es… Margaret Hay

Sumérgete en las pequeñas páginas de este libro, en él encontrarás reflexiones que te acogerán, tranquilizantes. Tómate tu tiempo. Coge el libro, cierra los ojos, respira y ábrelo al azar por cualquier parte, vuelve a abrir los ojos, lee con atención y tómalo como punto de partida. Te ayudará en tus decisiones. Muchos buscan la felicidad sin saber que ésta se construye día a día, minuto a minuto, disfrutando de todo lo que se nos presenta en cada instante.

Otros títulos de **Vital**

Disfruta el momento. Raphael Cushnir

Sucede, muchas veces, que ante situaciones difíciles, nos encerramos en nuestro propio caparazón y nos blindamos al exterior. En ese momento perdemos buena parte de la energía que nos permite crecer y madurar como seres humanos. Para evitar estas situaciones este libro nos enseña de qué modo volver a disfrutar de la vida y del entorno que nos ha tocado vivir.

Vivir de otra manera es posible. Regina Carstensen

Cómo podemos simplificar nuestra vida y hacer que nos sintamos más libres? Gracias a las innumerables propuestas de este libro, que ha sido un gran éxito de ventas en Alemania, aprenderemos a decir *no*, a liberarnos de los sentimientos de culpa y a encontrar el equilibrio en nuestra rutina laboral, consiguiendo así encontrar el tiempo necesario para disfrutar de la alegría de vivir.

Sentirse bien. Wayne W. Lewis

El autor de este libro nos propone un fascinante acercamiento a lo más recóndito de nuestra mente, de nuestro cuerpo y de nuestro espíritu con el fin de sacar a la luz toda aquella energía inconsciente que se esconde tras nuestros actos.

Otros títulos de **Vital**

Aprende a vivir con optimismo. Catherine Douglas

Este libro nos presenta un resumen de las más eficaces ideas y consejos para alcanzar las metas que nos propongamos.La autora nos enseña cómo motivarnos aplicando las técnicas del pensamiento positivo, desarrollo de la autoestima, afirmaciones, visualizaciones, autosugestión, etc. Catherine Douglas nos ahorra teoría y va directamente a lo práctico, aportando consejos que pueden aplicarse de manera inmediata.

Mejora tu salud emocional. Robert Cameron

Este libro trata ante todo de ti. Está centrado en tus emociones, en tu aptitud individual para crear una fuerte autovaloración para aumentar gradualmente tu autoestima. A través de las afirmaciones que te propone, puedes aprender a expresar sentimientos, a disfrutar de tu propia compañía y a actuar espontáneamente. Una guía muy práctica diseñada como un viaje en el que podrás abordar los momentos en que has modelado tu personalidad, tu representación de la realidad y la forma en que ésta se proyecta hacia los demás.